JN015467

アルケミスト双書　タロットの美術史〈11〉

審判・世界

鏡 リュウジ

✴

Judgement & The World

Ryuji Kagami

はじめに

　0番の「愚者」から始まったタロットの旅は、ついに最終段階へと到達する。

切札のシークエンスの最後を飾るのは「審判」と「世界」。

「審判」は、キリスト教でいう「最後の審判」を描く。

この世の終わりに際して、天使たちがラッパを吹き、

歴史のプログラムが完成しつつあることを告げる。

大いなる戦いを経て地上の悪が一掃され、

神の王国が、新たな、そして永遠の「世界」が打ち立てられるのだ。

タロットを生んだのが西欧社会であることを考えれば、

切札の道行きの目的地＝運命が、この2枚であることは理解に難くない。

一方でタロットのイメージは個々の文化を超えた普遍性も併せ持つ。

人生という道行きの中で何かを成就させ、ひとつの完成（世界）を見るためには、

それまで蓄積してきたこと、経験してきたことを思い起こし、

自分の中に統合していくことが必要だ。

「審判」では天使のラッパの下、死者たちが復活するが、

それは過去の自分たちとの対峙であるとも解釈できよう。

吉凶禍福すべてを自分の一部として認め、生の全体性がいったん成就する。

だが、それはまた始まりでもある。

全はすなわち無、空であり、「愚者」へと僕たちは立ち戻る。

タロットの円環は再び回り始めるのだ。

　鏡　リュウジ

03

はじめに ——————————————— 2

⑳ 審判 ——————————————— 6

マルセイユ版タロットの世界　文・夢然堂 ——— 18

現代のタロット ————————————— 26

近現代絵画に見る審判　文・千田歌秋 ——— 28

審判からのメッセージ ———————————— 30

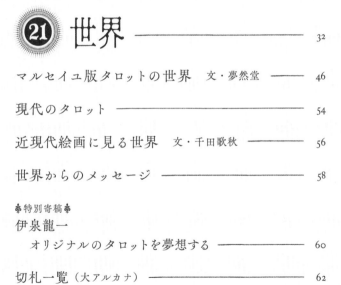

㉑ 世界 ——————————— 32

マルセイユ版タロットの世界　文・夢然堂 ——— 46

現代のタロット ——————————— 54

近現代絵画に見る世界　文・千田歌秋 ——— 56

世界からのメッセージ ——————————— 58

❦特別寄稿❦
伊泉龍一
　オリジナルのタロットを夢想する ——————— 60

切札一覧（大アルカナ）——————————— 62

ウィリアム・ブレイク《最後の審判のヴィジョン》
（ロバート・ブレア著『詩、墓』挿絵）1805　個人蔵

ウェイト＝スミス版〈審判〉
Waite-Smith Tarot
1910　イギリス／ロンドン　夢然堂蔵

最
終札の前に現れるのはラッパの音を響かせる
「審判」の天使だ。キリスト教の教義では生
死を問わず全人類の審判が終末に行われるという。
タロットの旅を続けてきた僕たちはここで一度立ち
止まり、自分自身と向き合うべきなのかもしれない。

審判 / *Judgement*

記憶の底に眠る自己を
呼び醒まし、再創造する

「審判」の札は、タロットがキリスト教を中心とする西欧社会で誕生したことを改めて強く思い起こさせる。

神の創りたもうたこの世には、いつか終末が訪れる。それに際して天使がラッパを吹き鳴らし、「その時」を知らせるのである。

「大いなる喇叭（ラッパ）の音とともに御使いたちをつかわして、天のはてからはてに至るまで四方からその選民たちを呼び集めるだろう」（『マタイによる福音書』第24章31節）というわけである。そして「最後の審判」が下され、善人と悪人がより分けられる。

伝統的にこの札には「天使」というタイトルが与えられたこともあったが、最後の審判における天使たちの重要な役割を考えればそれも納得できるはずだ。

「審判」の絵からはさまざまなことが連想される。なにより、それは人々の目を覚ますような「知らせ」を思い起こさせ

る。天使の響かせるラッパの音は、惰性に生きる人々の魂を奮い起こすことだろう。

また墓から蘇ってくる死者たちをどう見るか。例えばそれは、僕たちが記憶の奥底に封印しているこれまでの自分自身なのかもしれない。死を前にした人間は「走馬灯」のごとく一生を一瞬のうちに想起するという。この世の終わりならぬ人生の重大な一局面において人は過去の自分と対峙し、評価し、赦し、受け入れていくことになるだろう。

人は、よりその人自身になっていくのである。それは単に自分自身の修復や癒しばかりではなく、自身を再創造していくプロセスと言えるのかもしれない。傷は傷として受け入れ、痛みもまたかけがえのないものとしていく。

こうして、僕たちのタロットの旅はゴールへと近づく。完成、成就を表す「世界」はもうすぐそこだ。

ヴィスコンティ・スフォルザ版
〈審判〉

Visconti-Sforza Tarot
1480–1500頃　イタリア／ミラノ
モルガン・ライブラリー・アンド・
ミュージアム蔵（ニューヨーク）

現存する最古のタロットのひとつ。
「最後の審判」を描いたものであろ
う。剣と宝珠を手にした天の父、お
よびラッパを吹く2人の天使の下
で、3人の死者が墓から蘇る様子
が描写されている。

ヴィスコンティ・ディ・
モドローネ・タロット
〈審判〉
Visconti di Modrone Tarot
1445頃　イタリア
イェール大学図書館蔵（ニューヘイブン）

天使たちの下、4人の死者たちが
復活している。画面上部には「審
判のために復活する」（Surgite ad
judicium）の標語が見られる。

シャルル6世のタロット
〈審判〉

Charles VI Tarot
1475–1500頃　イタリア
フランス国立図書館蔵（パリ）

誤ってシャルル6世が発注した
タロットとされたが、実際には
15世紀の作。2人の天使の下、7
人もの男女が墓から復活しよう
としている。

名画に見る〈審判〉

ルカ・シニョレッリ
《肉体の復活》

1499–1502　フレスコ壁画
オルヴィエート大聖堂
サン・ブリツィオ礼拝堂蔵

最後の審判を迎えるそのとき、天使がラッパの音を轟かせ、生きている者だけでなく死者もみな復活してキリストの前に集められる。地面からは肉体を伴う者と骸骨姿の死者が次々と這い出している。シニョレッリはさらに、両者が会話するというユニークな場面を画面右に描き込んだ。

作者不明のパリジャンのタロット
〈審判〉

Tarot Anonyme de Paris
1600-50頃　フランス／パリ
フランス国立図書館蔵（パリ）

こちらも巨大な天使の下で死者たちが墓
から蘇る様子を描いている。強く息を吹
き込もうとして膨らんだ天使の頬からラッ
パの大音響が想像できる。

タロッキ・フィーネ・ダッラ・トッレ
〈審判〉

Tarocchi Fine dalla Torre
17世紀　イタリア／ボローニャ
フランス国立図書館蔵（パリ）

頭に後光のさす巨大な天使がラッパを吹
き鳴らし、その足元では墓から3人の人
物が蘇ろうとしている。復活する人々は
礼拝のポーズをとり、敬虔さを示す。

ミテッリ・タロッキ
〈審判〉

Tarocchini Mitelli
1660-70頃　イタリア
フランス国立図書館蔵（パリ）

古い時代のさまざまなタロットから
「審判」札。ここに挙げたタロット
では、天使が描かれている一方で復
活しようとしている死者たちは描か
れていないのが特徴だ。ミテッリ・
タロッキでは宙を舞う天使が上方に
向かって楽器を吹く。ミンキアーテ
版では、いずれもひとりの天使が
複数のラッパを吹いており、その
眼下には都市が広がっている。

コロンバのミンキアーテ版
〈審判〉

Minchiate Tarot alla Colomba
1760　イタリア
フランス国立図書館蔵（パリ）

ミンキアーテ版
〈審判〉

Minchiate Tarot
1860-90頃　イタリア／フィレンツェ
フランス国立図書館蔵（パリ）

フラ・アンジェリコ
《最後の審判》
1431頃　テンペラ／板　105×210cm
サン・マルコ修道院美術館蔵（フィレンツェ）

中央にキリスト、地上では彼から
見て左側に「呪われた」人々、右
側に「祝福された」人々を配置し
た伝統的な「最後の審判」の構図。
地上の真ん中では墓の蓋が乱雑に
散らばり、死者が復活したことを
物語っている。

マルセイユ版タロットの世界

文・夢然堂

　上方にラッパを吹き鳴らす天使、下方には裸身の人々。「審判」の札名（ヴィアッソーネ版のみ「天使」だが）通り、キリスト教の「最後の審判」を描いたもの、というのが基本的な解釈である。さらに、ブザンソン版とヴィアッソーネ版に見られる（「月」や「太陽」と同様の）浮遊物も解釈に加味するなら、ラッパの音で表現される吹き渡る風や、天から降る「炎の舌」が特徴の、聖霊降臨祭もイメージされる。

　最もスタンダードなデザインであるコンヴェル版の下部にいる人物たちに注目すると、新たなことが見えてくる。合掌する男女、そして彼らに相対する、後ろ姿の第3の人物。よく見るとこの人物は右腕だけを、前方に伸ばしているらしきことが見て取れる。こうした構図とリンクする絵画に、フィレンツェ派の巨匠フィ

リッポ・リッピによるキリスト降誕図がある（プラート市立美術館蔵）。生まれた子に合掌して礼拝する父ヨセフと母マリア、そして祝福のサインを送るかのように右手を前に差し出す嬰児イエス。この種の図で聖母が合掌するのはトスカーナ地方の絵画の特徴であるそうで（ミラノを含む北イタリアでは胸で両手を交差させるものが多い）、ここにもフィレンツェの影が仄見える。

　ちなみにこのリッピの絵画、聖家族に加えて上空に天使たち、地上には聖ビセンテ・フェレールと聖ゲオルギウスなとも描かれている。件の2聖人のうち、前者はまさしく「最後の審判の天使」とあだ名された人物。後者は十字旗を携え、嬰児キリストと見つめ合うかのような風情である。かように、「審判」札との不思議な照応を見せている。

ルヴァンのニコラ・コンヴェル版
〈審判〉

Tarot of Marseilles by Nicolas Conver
1860年代頃　フランス／マルセイユ　夢然堂蔵

カモワンのニコラ・コンヴェル版
〈審判〉

Tarot of Marseilles by Nicolas Conver
19世紀末　フランス／マルセイユ　夢然堂蔵

ルノーのブザンソン版〈審判〉

The Besançon Tarot by Renault
19世紀前半　フランス/ブザンソン　夢然堂蔵

ミュラー版
〈審判〉

Tarot of Marseilles by J. Muller
19世紀末頃　スイス／シャフハウゼン　夢然堂蔵

ヴィアッソーネのピエモンテ版
〈天使〉

Piedmont Tarot by Alessandro Viassone
1900前後 (?)　イタリア／トリノ　夢然堂蔵

*各パックについては第1巻「愚者・奇術師」〔17〜19頁〕で解説

シュテファン・ロッホナー
《最後の審判》

1435頃　テンペラ／板　124.5×173cm
ヴァルラフ・リヒャルツ美術館蔵（ケルン）

　本作も「最後の審判」を描く
典型的な構図だが、今まさに
復活した人々が天国と地獄に
振り分けられている瞬間を描
く。画面右では罪人が悪魔か
らの容赦ない責め苦にあい、
左では祝福された人々が天国
の門へと導かれている。

グラン・エテイヤ
（タロット・エジプシャン）
〈最後の審判〉
Grand Etteilla or Tarot Égyptien
1850–90頃　フランス／パリ
フランス国立図書館蔵（パリ）

18世紀の占い師エテイヤが
制作した「占い専用」タロッ
ト。通常の20番ではなく16
番に配置される。真実と虚
偽の区別を意味するという。
また理性や意見も示すとさ
れている。

オズヴァルト・ヴィルト・タロット
〈審判〉

Oswald Wirth Tarot
1889　フランス／パリ
フランス国立図書館蔵（パリ）

19世紀のオカルト主義者ヴィルトによる
タロット。復活する人物が描かれるが、そ
れは〈体〉においてではなく、〈霊〉にお
いての復活であると解釈されている。

ウェイト゠スミス版
〈審判〉

Waite-Smith Tarot
1910　イギリス／ロンドン　夢然堂蔵

神秘主義者ウェイトもこの札を霊的復活
と解釈している。「内なる目をもつもの」
は、この札が過去に「永遠の生命のカード
と呼ばれていたこと」を理解するという。

01.

田名網敬一
『TTT―The Tanaami Tarot―』

集英社マンガアートヘリテージ
2024年8月発行予定

©*Keiichi Tanaami Courtesy of NANZUKA*
©*Fujio Productions Ltd. / Shueisha Inc.*

赤塚不二夫『天才バカボン』でピカソ風
に描かれる"警官"を、田名網敬一氏が着
彩するという贅沢極まりない作品。実物は
レンチキュラープリントで立体的に見える。

02.

ラッシュー・タロット

Lassú Tarot by Horváth Anna

🌐 behance.net/horvathanna
📷 horvathann

本物のティーバッグとセットになったタ
ロット。大アルカナを描いた22杯分
のティーバッグを頂いた後は、付属の
カードで楽しめる。ゆったりとした時
間を味わうためのキット。

03.

ゴールデン・サークル・タロット

*The Golden Circle Tarot by Beth Martini,
designer, Chicago, IL 2020.*

🌐 beth-martini.com

雑誌や本からイラストレーション、写真などを切り抜き、コラージュすることによってタロットを表現。この「審判」の天使は女性性が強調され、大地から復活する死者たちは強い色彩の花々に置き換えられている。

04.

ディヴィネーション・タロット

Divination Tarot by Eugenia Loli

🌐 cargocollective.com/eugenialoli
📷 eugenia_loli

コラージュ技法でシュルレアリスム的な効果を生んでいるタロット。ハットに蝶ネクタイの天使の下には、蘇る人々ではなく水辺でバカンスに興じる人々が描かれる。

近現代絵画に見る
審判
—— 天使のラッパが響くとき、
世界はついに終焉を迎える

文・千田歌秋

ヴィクトル・ヴァスネツォフ
《最後の審判》
1885-96　トレチャコフ美術館蔵（モスクワ）

ヴァシリー・カンディンスキー
《万聖節 I》
1911　油彩・グワッシュ／紙　50×64.8cm
レンパッハハウス蔵（ミュンヘン）

　審判の札は、タロットの切札の最後を飾る世界の札の前に位置する。世界が完結するためには、天使が終末のラッパを高らかに響かせる必要があるのだ。

　ヴァスネツォフは、伝統的な宗教画を平面に描出するというより、幻想的な叙事詩を立体的に表現しようとした。この劇的な場面から、罪人たちの阿鼻叫喚やラッパの轟きが響き渡り、鑑賞者の耳と身までも震わせることだろう。

　カンディンスキーのこの作品には、ピエタ、黙示録、最後の審判の要素が凝縮されている。とりわけ存在感を放つのが、異なる色と形のラッパを吹き鳴らし、それぞれの旋律と音調で世界のフィナーレを奏でる天使たちである。

審判からのメッセージ

★ 過去を見つめ、新たな未来を創る ★

キリスト教における「最後の審判」を示す札ではあるが、
そこからさまざまなイメージを広げていくことができる。
墓から蘇る人物たちから、日本の入門書では
「復活愛」「敗者復活」などの解釈が
与えられることも多かったが、
そうした文字通りの復活以上に、
過去の記憶の中に封印されていたもの、
抑圧されていたものが新たな意味を帯びて顕在化、
意識化されてくることを意味すると解釈してはどうだろう。
過去と現在が未来に向けて新たな意味を
はらんで結び合わされていくのである。
さらに、新たに降りてくるインスピレーション、
閃きなどを暗示することもあるはずだ。

Love / 恋愛

過去の自分の愛と向き合う。つらい思い出、楽しい記憶、
そうしたすべてが今の、そしてこれからの愛を育んでいく。
かつての恋や愛を見つめ直す。失われた愛を取り戻す。
あるいは、今のパートナーとの過去を思い出すことで
魅力を再発見することができる。
一方で突然の恋の誕生も。

Work / 仕事

過去の失敗から学ぶことも多い。
新たなスタートを切る場合でも、それはかつての自分を
いかに継承していくかを考えること。
あるいは過去を清算する。
思い切った決断をすることによって、
方向性を一新することができる。

Relationship / 対人関係

過去を断ち切ることと、自分自身の人生の
ストーリーを続けていくことのバランス。
重要な人物と再会する。
あるいは惰性で続いている人間関係を一新する。
いずれにしても、相手との関係性にひとつの区切りを入れ、
それによって絆のありようを再創造するとき。

ラファエロ・サンツィオ《エゼキエルの幻視》
1517–18頃　ピッティ宮殿パラティーナ美術館蔵（フィレンツェ）

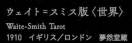

ウェイト＝スミス版〈世界〉
Waite-Smith Tarot
1910 イギリス／ロンドン 夢然堂蔵

「愚者」という人間から始まったタロットの旅——。
西洋で伝統とされてきた美徳、誰もが経験する死や困難、そして天体に続き、「世界」がそのクライマックスを飾る。これまでの長い道のりを振り返りつつ、いざ最終章へ歩を進めよう。

世界 / *The World*

森羅万象を内包する円環が完成し、再びゼロへ立ち返る

ついに僕たちは最終札「世界」へとたどり着いた。マルセイユ版〔47〜49頁〕、あるいはその構図を引き継いだウェイト゠スミス版〔33、53頁〕の「世界」の完成度の高さはどうだろう。

花輪の中で、ひとりの人物が躍動する。それをしっかりと支えるように、カードの四隅には4つの聖なる獣が守護する。類似するイメージは3世紀にも先行して見られる（右下図）。

比類なき安定性と、跳ねるような躍動性が見事に共存しているのである。「世界」札の解釈は多様で、他の札と同じように現代的な構図のバリエーションを考えることもできようが、タロットとしての「世界」札というなら、やはりこの構図以外の図案を構想するのは難しいのではないだろうか。

これはユング心理学でいう「マンダラ」イメージの典型的な表現であろう〔40頁〕。ユングは心の全体性が表現されるとき、心

自身が円と方形、そして4をはらむ心像を表出することが多いことを観察し、その心の全体性のイメージを「マンダラ」と名づけた。タロットの「世界」図は、その見事な事例である。

「世界」には私たちが経験したこと、するであろうこと、そして経験できぬことのすべてが内包される。円環の中でダンスする人物は、森羅万象の動的平衡そのものだ。

幸いなものは一瞬それを垣間見るだろう。だが、有限の人間はそれを把握することはできない。「世界」を前に僕たちは無知の知を知り、再び「愚者」へと立ち返るのである。

《黄道十二宮に
囲まれたパネース》
3世紀頃
エステンセ美術館蔵（モデナ）

ヴィスコンティ・スフォルザ版
〈世界〉

Visconti-Sforza Tarot
1480-1500頃　イタリア／ミラノ　個人蔵

　2人の童子の天使（プットー）が
支える球体の中に、海に浮かぶ城
塞都市＝「世界」が見える。その星
空の青が金地に映えている。天使
たちは山を遠景にした大地に立つ。

名画に見る〈世界〉

バルトロマエウス・アングリクス
『物性論』より
《世界地図》

1479–80頃　写本挿絵
フランス国立図書館蔵（パリ）

大航海時代を迎える前、ヨーロッパの人々の世界観を伝える「マッパ・ムンディ（世界地図）」。上を東（アジア）とし、時計回りに南（アフリカ）、西、北（ヨーロッパ）となる。金色に輝く建物は東の果てにあると信じられたエデンの園とされる。

エステ家のタロット
〈世界〉

Este Tarot
1450頃　イタリア
イェール大学図書館蔵（ニューヘイブン）

鳥が支える球体に入った「世界」の上に童子
としての天使が座っている。この「世界」の
中には豊かな大地が広がっているのが見える。

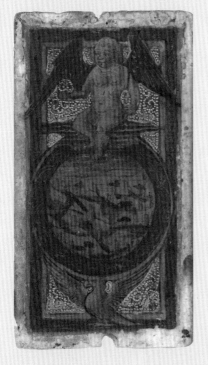

ヴィスコンティ・ディ・
モドローネ・タロット
〈世界〉

Visconti di Modrone Tarot
1445頃　イタリア
イェール大学図書館蔵（ニューヘイブン）

王冠と王笏を持った威厳ある神的女性像
の下、「世界」が広がる。アーチで囲われ
たこの「世界」には船や建物、騎士など
が見え、その豊かさが伝わってくる。

シャルル6世のタロット
〈世界〉

Charles VI Tarot
1475–1500頃　イタリア
フランス国立図書館蔵（パリ）

なだらかな丘陵、そしてその
上に立つ建物が「世界」の球
体の中に見える。この「世界」
は美しい青い雲の上に浮かび、
天上には王笏と宝珠を手にし
た神的女性の姿がある。

タロッキ・フィーネ・ダッラ・トッレ
〈世界〉
Tarocchi Fine dalla Torre
17世紀　イタリア／ボローニャ
フランス国立図書館蔵（パリ）

円環の中に火地風水の四元素が見える
「世界」。上に立つのは蛇の杖「カドゥケ
ウス」と宝珠を手にしたヘルメスで、タ
ロットとしては異例の表現だろう。

作者不明のパリジャンのタロット
〈世界〉
Tarot Anonyme de Paris
1600–50頃　フランス／パリ
フランス国立図書館蔵（パリ）

宝珠として表現された「世界」に乗るの
は大きな帆を持つ裸の女性。ここでは不
安定な球体に乗る女性として表現される
「幸運」像との習合が見られるようだ。

125

名画に見る〈世界〉

カール・グスタフ・ユング
『赤の書』挿絵
《図版125》
（河合俊雄監訳、創元社、2010年）

ユングの内的幻視の記録『赤の書』
よりマンダラ様イメージのひとつ。円
と十字からなるエネルギーを放射する
「マンダラ」を人物が支える構図は、タ
ロットの「世界」札と重なり合う。

Tarocchini Mitelli
1660–70頃　イタリア
フランス国立図書館蔵（パリ）

地球と思しき筋骨隆々の男性が支えている構図。おそらくこの男性は世界を支えるギリシャ神話の巨神アトラスであろう。ボローニャの伝統的な62枚のパック。

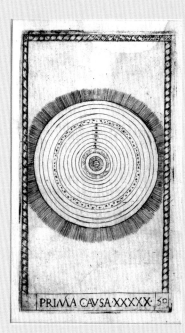

マンテーニャのタロット
〈第一原因〉

Mantegna Tarot
1530–61頃　イタリア　大英博物館蔵（ロンドン）

教育用のカードであろう50枚のパックの最上位の札が「第一原因」。四元素で表現される地球を中心に、神と同一視される「第一原因」が囲む宇宙が描かれる。

ルネサンス時代、正円は完全性を象徴する完璧な形象と考えられた

PERFETTIONE
Di Pier Lione Caſella.

DONNA veſtira d'oro, moſtrí le mammelle, & tutto il petto ſcoperto, ſtarà dentro al cerchió del Zodiaco, diſegnando col compaſſo nella ſiniſtra mano vn circolo, il quale ſi ſcolpiſca quaſí finito.

Bb 2 Il ve-

チェーザレ・リーパ著
『イコノロジーア』
(1603／ローマ版　鏡リュウジ蔵)より《完全》

ルネサンス時代の寓意画事典より「完全」の擬人像。完全なコスモスの表象である黄道十二宮に取り囲まれた女性が、さらに完全な図形である円をコンパスで描く。

フランソワ・ド・ポワリーの
ミンキアーテ版
〈世界〉

Minchiate by François de Poilly
1658-93　フランス
フランス国立図書館蔵（パリ）

97枚パックの「ミンキアーテ」タロット。
地球が天使を乗せている。ポワリーの「世
界」は時間を示す砂時計を、フィレンツェ
の「世界」は矢（時間の象徴か）と王冠
を手にした天使を描いている。

ミンキアーテ版
〈世界〉

Minchiate Tarot
1860-90頃　イタリア／フィレンツェ
フランス国立図書館蔵（パリ）

名画に見る〈世界〉

ハンス・メムリンク
《聖ヨハネの祭壇画》(右パネル)

1479 油彩/板 193.3×97.3cm
メムリンク美術館蔵 (ブルージュ)

🖎

『ヨハネの黙示録』には福音書記者ヨハネがパトモス島で見たというヴィジョン（幻視）が綴られている。本作はそれをほぼ忠実に視覚化したもの。虹の輪を背景にした玉座のキリストの足元に、タロットの「世界」でもおなじみの獅子、牡牛、天使、鷲が描かれる。彼らは「黙示録の生き物」と呼ばれると同時に、四福音書記者を象徴する。玉座の子羊はキリストから巻物を受け取り、この後7つの封印が解かれる。新約聖書の最後に収められたこの『黙示録』は、悪が一掃され、最後の審判を迎えた後、「新しいエルサレム」の建国とキリストの再臨を預言して締めくくられる。

マルセイユ版タロットの世界

文・夢然堂

　四隅に牛・獅子・鷲・人間（聖書の四福音記者の象徴）、楕円形（マンドルラ）の中にひとりの人物。美術表現的にこのデザインで描かれるのは、概ねイエス・キリストというのが相場である。実際、古いパックには中央の人物が男性的な姿で描かれたものが割とあり、ブザンソン版にはその面影が感じられる。他掲載分はいかにも女性的で、その影響元としては聖母マリアや聖マグダラのマリア、運命の女神フォルトゥナなど、さまざまな候補が挙げられている。仮にフォルトゥナ説を採るならば、例のタロットゲームにおける主要三切札において、賭博に興じる「愚者」と「奇術師」を幸運の支配者たる女神が見守る、というそれらしい構図も浮かんでくる（ちなみにブザンソン版では、フォルトゥナが「金貨の4」札に描かれている。第12巻・31頁参照）。

　ところで、「マンテーニャのタロット」〔41頁〕とはまた違う形だが、マルセイユ版にも宇宙における存在のヒエラルキー論を見出すことができる。「存在の大いなる連鎖」と呼ばれる概念で、錬金術にも関わりのあるものだ。具体的に示していくと、15番＝埒外の存在（地獄）、16番＝鉱物（足跡のような石）、17番＝植物（樹木）、18番＝動物（獣たち）、19番＝人間（子どもたち）、20番＝天使（上空の存在）。そして21番、すなわち切札の最高位であるこの札に描かれるものとして、何よりふさわしいのはやはり「神」。超越的な存在であろう。

　最初の話に戻るが、中央の人物を両性具有者とする見方もよくされる。「女性のエヴァと分離される前のアダムが神の似姿とするならば、神は両性具有のはず」との理屈に従えば、あながち妄論とも言い切れまい。

ルヴァンのニコラ・コンヴェル版
〈世界〉

Tarot of Marseilles by Nicolas Conver
1860年代頃　フランス／マルセイユ　夢然堂蔵

カモワンのニコラ・コンヴェル版
〈世界〉

Tarot of Marseilles by Nicolas Conver
19世紀末　フランス／マルセイユ　夢然堂蔵

ルノーのブザンソン版〈世界〉

The Besançon Tarot by Renault
19世紀前半　フランス／ブザンソン　夢然堂蔵

ミュラー版
〈世界〉

Tarot of Marseilles by J. Muller
19世紀末頃　スイス／シャフハウゼン　夢然堂蔵

ヴィアッソーネのピエモンテ版
〈世界〉

Piedmont Tarot by Alessandro Viassone
1900前後 (?)　イタリア／トリノ　夢然堂蔵

＊各パックについては第1巻「愚者・奇術師」〔17～19頁〕で解説

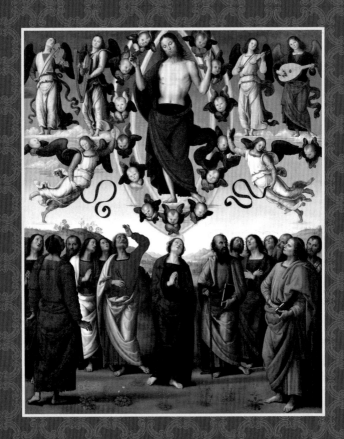

ペルジーノ工房
《キリストの昇天》

1495-98　油彩／板（カンヴァスに貼付）
325×265cm
ルーヴル美術館蔵（リヨン美術館に寄託）

復活後、マンドルラ（アーモンド型の光背）に
沿って並ぶケルビム（智天使）に囲まれ、使徒
たちの目の前で天に上げられるキリスト。傍ら
では天使が音楽を奏でている。マンドルラは元々
雲だったが、やがてキリストの栄光を表すもの
としてこの形状で描かれるようになった。

オズヴァルト・ヴィルト・タロット
〈世界〉

Oswald Wirth Tarot
1889　フランス／パリ
フランス国立図書館蔵（パリ）

19世紀末のオカルト主義者ヴィルトによるタロット。21番という番号は聖数7の3倍であり、「最終的な総合の力」「永遠の創造作用の結果」を表すという。

グラン・エテイヤ
（タロット・エジプシャン）
〈人と四肢の動物〉
Grand Etteilla or Tarot Égyptien
1875-99頃　フランス／パリ
鏡リュウジ蔵

占いに特化した19世紀末のパックより。通常のタロットと異なり、5番の番号を振られており、天地創造の6日間にわたる、四元素の創造を描くと解釈されている。

Integræ Naturæ ſpeculum,Artiſque imago.

Elementum
Aquæ et Terræ
Elementum

Artes Liberalium
Mineralia
Vegetabilia
Animalia

Elementum Aeris
Elementum Ignis
Sphæra Lunæ
Sphæra Mercurii
Sphæra Veneris
Sphæra Solis
Sphæra Martis
Sphæra Iovis
Sphæra Saturni
Cælum Stellatum

名画に見る〈世界〉

ロバート・フラッド著
『両宇宙誌』第一部より挿絵
《技術と全自然の鏡》

1617　カリフォルニア大学
バークレー校図書館蔵

17世紀前半のイギリス人医師、ロバート・フラッドが論じた全宇宙の構造を視覚化した図。円の中心にある地球の外側に向かって鉱物、植物、動物、諸惑星の輪が広がり、さらにその周りを霊的世界が取り囲む。頂点の神の手の下には、神の被造物を象徴する女性が描かれる。

ウェイト＝スミス版
〈世界〉

Waite-Smith Tarot
1910　イギリス／ロンドン　夢然堂蔵

　ウェイトは言う。「完全性と『宇
宙』の目的、その内なる秘密、
神の中で自己を理解する全世
界の喜び」。「世界」札が宇宙
と神の神秘に触れる法悦であ
ることを示すのだろう。

THE WORLD.

01.

谷中 敦（東京スカパラダイス
オーケストラ）蔵
Baritone Sax
「Yanagisawa B-WO30BSB
YANAKA Special」

🌐 tokyoska.net
📷 a.yanaka

世界的ミュージシャン、谷中敦
氏が特注したサックスにはウェ
イト゠スミス版の「愚者」と
「世界」が彫り込まれている。
音楽が人の魂を自由な世界に
解放する、という想いが込め
られているのだろうか。

02.

ミスティカル・フォレスト・タロット

Taro Mystical Forest, The World,
by Wessilei Gama Barroso (WES GAMA)

🌐 wesgama.com
📷 wesgama

アマゾンの熱帯雨林を舞台にしたタロット。そのサイケデリックな色彩は人間と自然との間の神秘的な関係を想起させるものだという。「世界」では地母神を思わせる女性が描かれる。

03.

レベル・ハート・タロット

Rebel Heart Tarot
by Alice Grist and Niki Cotton

🌐 rebelhearttarot.co.uk
📷 alicegrist / nikicottonartist

大胆な解釈で伝統的なデザインを大きく刷新している作品。「世界」では背後の宇宙空間がこの世界の無限性を、そして鹿頭の女性は「世界」が表す達成の感覚を表現しているという。

THE WORLD

近現代絵画に見る
世界
——慈愛、秩序、調和をもたらし、完成に導く世界の母

文・千田歌秋

ニコライ・リョーリフ
《世界の母》
1924　テンペラ／カンヴァス（厚紙に貼付）　98×65.4cm
ニコライ・リョーリフ美術館蔵（ニューヨーク）

タロットの切札の物語は、世界札で完結する。理想世界でこれは完全性を表すが、現実の世界は不完全である。だが完全を求めて試行錯誤を重ねる人間を、世界の母は導いてくれるはずだ。

リョーリフは、西欧の物質主義でなく、美（調和、秩序、統合）の力によって、国境や宗教を超えて世界がひとつになることを希求した。慈しみのベールを下ろす世界の母は、勝者、敗者、強者、弱者、すべての母である。

ワッツは、汚染され破壊された地球に残り、最後の一本となった竪琴の弦で希望の音を奏でようとする女神を描いた。世界を守る慈愛の母は、この世の終わりまで、美しい秩序と調和を生み出すことを諦めないだろう。

ジョージ・フレデリック・ワッツ
《希望》
1886　油彩／カンヴァス
142.2×111.8cm　テート蔵 (ロンドン)

世界からの
メッセージ

★ 大きな達成感を得て、次の段階へ ★

「愚者」から始まったタロットの旅路も
ここでひとつの到達点を迎える。
それは円満具足、全存在の完全性、
全体性を示す「世界」で示される。
「世界」は、しばしば大アルカナ最強、最善のカードとされる。
多様な要素が調和し、これまでのさまざまな出来事が
統合され、物事が成就するさまが表現されているからだろう。
やってきたことすべてが報われ、
大きな達成感を感じることができるのだ。
それが大きな喜びをもたらすことは間違いない。
人物としてはバランスのとれている成熟した人格。
ただし、その幸福の中に安住してはいけない。
ひとつの完成は、次のステップへのスタート地点でもある。

Love ／恋愛

自分の今の願いが叶う。相手と自分の気持ちが通じ合い、
2人を取り囲む環境も整って、満足できる状況となる。
互いを尊敬し、結婚、あるいは思っていた通りの、
またはそれ以上の幸福を感じることができる。
ただし、その状況が続くとマンネリになってしまう危険もある。

Work ／仕事

自分自身の努力が認められ、
あるいはこれまでのさまざまな経緯が有機的に結びつき、
思った以上の結果につながっていく。
多彩な条件やタイミングが合致し、満足のいく結果が得られる。
いったんの成功、達成に酔いしれる。
一方で、そこに固執すると次に進めなくなる心配もある。

Relationship ／対人関係

満足できる人間関係。これまでの関わり合いから
より深く、強い絆を構築することができる。
弱点や欠点も含めて相手を「まるごと」受容し、
リスペクトすることができる。
さまざまな仲間とひとつの調和したコミュニティを作り出す。
同時に、排他的にならないように注意。

オリジナルのタロットを夢想する　伊泉龍一

タロットが好きな人だったら、独自にデザインしたカードを作ってみたいと思ったことはないだろうか? 例えるなら、ポピュラー・ミュージックを好きで聴いていると、自分でも楽器を手に取り、その曲を演奏してみたくなる。そして、そのうちにオリジナルの曲さえ作ってみたくなるのと同じように。かくいう私も、いつかはその絵を自分で描いてみたい思いがある。本稿ではオリジナルのタロットの創作に向けて、私自身が勝手に夢想していることを少しだけ書いてみたい。

＊

確かに「伝統」へ敬意を払い続けることは大切だろう。だが、その「伝統」の中に修正すべき点が見つかったとしたらどうか? 私が新たなタロットを作るとしたら、伝統主義者たちに何と言われようとも、その点を積極的に変えていきたい。

例えばコート・カード(人物札)に目を向けてみよう。そもそも男女比が等しくないこと(男性の「キング〈王〉」と「ナイト〈騎士〉」と「ペイジ〈小姓〉」のカードが総計12枚あるのに対して、女性の「クイーン〈女王〉」は総計4枚しかない)が気になるのは私だけだろうか? この点に関して言えば、19世紀末に結成されたロンドンの魔術結社、黄金の夜明け団が過去に改訂を行った例がある。結果、「ナイト」と「ペイジ」が「プリンス」、「プリンセス」に変更され、男女比を均等にしたセットが採用されることになった。私としては、伝統よりもこちらの方が断然好ましく感じられる。だが、私はそれをもっと根本的に変えて、そもそも男女の姿で描くことをやめてしまってはどうかとも思っている。では、どうするのか?

例えば、コート・カードの人物を占星術の12星座のシンボルに置き換えてしまうのはどうだろう？　そもそも古い時代のタロット占いの本を見ると、コート・カードは当該の問題にかかわる人物を描写するために使われている。その目的に使うという機能主義的な観点から言えば、人間のある種の心理学的類型として見立てた12星座の元型的イメージは非常に有効なはずだ。

ただし、この場合、枚数は16枚から12枚に少なくなるため、抵抗感を持たれる人もいるかもしれない。しかしながら、タロットの歴史を振り返ってみるとどうか。そもそも現存する最も初期のイタリアのヴィスコンティ家のためのタロットのコート・カードは16枚ではなく24枚だった。つまり、この例から明らかなように16枚は、そもそも絶対的な枚数ではない。しかも、16世紀初頭のイタリアのフィレンツェの「ミンキアーテ」と呼ばれるタロットには12星座のカードが現に含まれていた。ということからすると、12星座を含めるアイデア自体も決して突飛なものではない。さらに言えば、キャラクター分類として使える指標であれば、そもそも12星座ですらなくてもいいとさえ思っている。

ここではコート・カードにしか言及できなかったが、残りの大アルカナや数のカードについても大胆に変更したい点は多々ある。その結果として誕生したカードは、もはや「タロット」と呼ぶのがふさわしくないかもしれない。だが、今の時代に適した新たなカードを創造する可能性は、きっとこうした大胆な変革から始まっていくのではないだろうか。

（いずみ・りゅういち　翻訳家）

切札一覧（大アルカナ）

*図版はすべて、ウェイト＝スミス版（1910、イギリス／ロンドン、夢然堂蔵）。
*掲載順は伝統的なマルセイユ版に基づき、第8番を「正義」（第5巻）、第11番を「力」（第6巻）とした。
*数札・人物札（小アルカナ）は第12巻に掲載。

0 愚者
The Fool〔第1巻〕

1 奇術師
The Magician〔第1巻〕

6 恋人
The Lovers〔第4巻〕

7 戦車
The Chariot〔第4巻〕

8 正義
Justice〔第5巻〕

9 隠者
The Hermit〔第5巻〕

14 節制
Temperance〔第8巻〕

15 悪魔
The Devil〔第8巻〕

16 塔
The Tower〔第9巻〕

17 星
The Star〔第9巻〕

THE HIGH PRIESTESS

②　女教皇
The High Priestess〔第2巻〕

THE EMPRESS.

③　女帝
The Empress〔第2巻〕

THE EMPEROR.

④　皇帝
The Emperor〔第3巻〕

THE HIEROPHANT

⑤　教皇
The Hierophant〔第3巻〕

WHEEL of FORTUNE.

⑩　運命の輪
Wheel of Fortune〔第6巻〕

STRENGTH.

⑪　力
Strength〔第6巻〕

THE HANGED MAN.

⑫　吊られた男
The Hanged Man〔第7巻〕

DEATH.

⑬　死神
Death〔第7巻〕

THE MOON.

⑱　月
The Moon〔第10巻〕

THE SUN.

⑲　太陽
The Sun〔第10巻〕

JUDGEMENT.

⑳　審判
Judgement〔第11巻〕

THE WORLD.

㉑　世界
The World〔第11巻〕

鏡 リュウジ（かがみ・りゅうじ）

占星術研究家、翻訳家。1968年、京都府生まれ。国際基督教大学卒業、同大学院修士課程修了（比較文化）。英国占星術協会会員、日本トランスパーソナル学会理事、東京アストロロジー・スクール主幹。平安女学院大学客員教授、京都文教大学客員教授。著書に『鏡リュウジの実践タロット・リーディング』『タロット バイブル 78枚の真の意味』（以上、朝日新聞出版）、『タロットの秘密』（講談社）、『はじめてのタロット』（ホーム社）、訳書に『ユングと占星術』（青土社）、『神託のタロット ギリシアの神々が深層心理を映し出す』『ミンキアーテ・タロット』（以上、原書房）など多数。『ユリイカ タロットの世界』（青土社）責任編集も務める。

夢然堂（むぜんどう）

古典タロット愛好家。『ユリイカ タロットの世界』（青土社）では、「『マルセイユのタロット』史 概説」と「日本におけるタロットの受容史」を担当。その他、国内外の協力作品や企画多々。第4回国際タロット賞選考委員。福岡県在住。

千田歌秋（せんだ・かあき）

東京麻布十番の占いカフェ&バー燦伍（さんご）のオーナー占い師およびバーテンダー。著書に『はじめてでも、いちばん深く占える タロット READING BOOK』（学研プラス）、『ビブリオマンシー 読むタロット占い』（日本文芸社）がある。

写真協力：夢然堂／鏡リュウジ／アフロ（akg-images, Bridgeman Images, Erich Lessing, K&K Archive）
撮影：布川航太〔54頁〕

アルケミスト双書　タロットの美術史〈11〉

審判・世界
しん ばん・せ かい

2024年7月30日　第1版第1刷発行

著者	鏡 リュウジ
発行者	矢部敬一
発行所	株式会社 創元社　https://www.sogensha.co.jp/
本社	〒541-0047 大阪市中央区淡路町4-3-6 Tel.06-6231-9010　Fax.06-6233-3111
東京支店	〒101-0051 東京都千代田区神田神保町1-2 田辺ビル Tel.03-6811-0662（代）
印刷所	TOPPANクロレ 株式会社
装幀・組版	米倉英弘・鈴木沙季・橋本 葵（細山田デザイン事務所）
編集協力	関 弥生

©2024 Ryuji Kagami, Printed in Japan　　ISBN 978-4-422-70171-4 C0371
〈検印廃止〉乱丁・落丁本はお取り替えいたします。定価はカバーに表示してあります。